ALMASIS,

BALLET,

Repreſenté devant le ROY, ſur le
Théatre des petits Appartemens
à Verſailles.

Imprimé par exprès Commandement de
SA MAJESTE'.

M. DCC. XLVIII.

Les Paroles font de M. DE MONCRIF, *Lecteur de la Reine*, *l'un des Quarante de l'Academie Françoife*, *& de l'Academie royale des Sciences & Belles-Lettres de Pruffe.*

La Mufique eft du Sieur ROYER, *Ordinaire de la Mufique de la Chambre du Roi*, *Maître de Mufique des Enfans de France*, *& Maître de Clavecin de Madame la Dauphine.*

Les Danfes font de la compofition du Sieur DEHESSE.

Les Habits font faits fur les deffeins du fieur PERONNET.

CHŒURS CHANTANS.

<table>
<tr><td>Côté du ROI.</td><td>Côté de la REINE.</td></tr>
</table>

Les Srs
Camus, } Deſſus.
Gerome, }
Daigremont, Taille.
Le Begue, Haute-Contre.
Godoneſche, } Baſſes.
Ducros, }

Les Srs
Dupuis, } Deſſus.
Falco, }
Franciſque, }
Richer, Taille.
Baʒire, Haute-Contre.
Benoiſt, Baſſe.
Poirier, Haute-Contre.

PERSONNAGES DANSANS.

PREMIER DIVERTISSEMENT.

INDIENNES,
qui célébrent les Jours heureux.

Les Demoiſelles *Puvigné*, *Camille.*
Les Demoiſelles *Durand*, *Aſtraudi*, *Chevrier*, *Dorfeuil.*

DEUXIEME DIVERTISSEMENT.

AFRICAINS.

M. le Marquis de *COURTANVAUX.*
Le Sieur *Barois*, la Demoiſelle *Dorfeuil.*

ASIATIQUES.

M. le Marquis de *Langeron*.

Le Sieur *Piffet*, la Demoiselle *Chevrier*.

SCYTHES.

Le Sieur *Dupré*, la Demoiselle *Durand*.

TURCS.

Le Sieur *Balleti*, la Demoiselle *Aftraudi*.

PAGODES.

Les Sieurs *Beat*, *La Riviere*.

Les Demoiselles *Puvigné*, *Camille*.

ORCHESTRE.

Clavecin,	Mr *Ferrand*.
Violoncelles,	{ Le Sr *Jeliote*, Le Sr *Chrétien*, Le Sr *Picot*, Mr *Duport*.
Baffons,	{ M^r le Prince de *Dombes*, Le Sr *Marliere*.
Violes,	{ M^r de *Dampiere*, M^r le Marquis de *Sourches*.
Flutes,	{ Mr *Buffilier*, Le Sr *Defelles*.

Hautbois,   *Le Sr Deselles.*

Violons, premiers dessus,   { *Le Sr Mondonville,*
                                Le Sr Deselles,
                                Mr Buffilier,
                                Le Sr Mayer.

Violons, seconds dessus,   { *Le Sr Guillemain,*
                                Mr de Courtaumer,
                                Mr Fauchet,
                                Le Sr Belleville.

ACTEURS.

ALMASIS, Habitante des Isles fortunées, *Madame la Marquise* DE POMPADOUR.

ZAMNIS, Amant d'Almasis, *Monsieur le Duc* D'AYEN.

L'ORDONNATRICE des Fêtes de l'Hymen, *Madame* TRUSSON.

UN INDIEN, *M. le Marquis* DE LA SALLE.

INDIENNES qui célébrent les Jours heureux.

ESCLAVES de diverses Nations.

ALMASIS,

BALLET.

Le Théatre représente les Jardins du Palais de Zamnis : on
voit dans l'enfoncement une Campagne & la Mer.

SCENE PREMIERE.

ZAMNIS.

*OUR vous, belle Almasis, mon amour est*
extrême :
Que ne m'a-t-on permis le charme de vous voir ;
J'aurois passé les jours, content du seul espoir
De vous obtenir de vous-même.

Devenu votre Epoux, sans consulter vos vœux,
Comme vous, j'ai souffert d'une Loi trop cruelle.

Hé quoi ! jamais une Belle en ces lieux
N'apprend quel eſt l'Amant qu'on unit avec elle,
Qu'après que de l'Hymen on a formé les nœuds !

Pour vous, belle Almaſis, &c.

Zamnis connoît les maux qu'il ne peut éviter ;
      Si vous mépriſez ſa tendreſſe,
Vos yeux, ces yeux ſi beaux, ſeront cachés ſans ceſſe
Sous un voile fatal qu'il faudra reſpecter.

Mais le moment s'approche. Amour, ſois-moi propice ;
Des Fêtes de l'Hymen je vois l'Ordonnatrice.

SCENE

SCENE SECONDE.

ZAMNIS, L'ORDONNATRICE, CHŒUR D'INDIENNES.

LE CHŒUR.

Nous célébrons les Jours heureux.

La plus flateuse Conquête

Couronne vos tendres vœux.

Que vous devez vous plaire à nos chants amoureux !

L'ORDONNATRICE.

Notre art embellit chaque Fête ;

Mais comment peindre dans nos Jeux

Tout le charme des nœuds

Que l'Hymen vous appréte ?

LE CHŒUR.

La plus flateuse Conquête

Couronne vos tendres vœux.

L'ORDONNATRICE.

Almazis en ce jour devient votre partage ;

B

Que votre sort doit vous charmer!

Z A M N I S.

Je l'aime, je l'obtiens ; mais le foible avantage,

   Si je ne puis m'en faire aimer!

Son triomphe à mes yeux se retrace sans cesse.

   Le jour qu'une aimable Jeunesse

   Célébroit l'Aurore en ces lieux,

La charmante Almasis qui présidoit aux Jeux,

Paroît, leve son voile, on crut voir la Déesse,

Mais plus charmante encor qu'elle n'est dans les Cieux.

Mille Amans empressés de lui paroître aimables,

   A l'envi voloient sur ses pas.

Interdit, enchanté, j'admirois tant d'appas ;

J'attirai quelquefois ses regards adorables.

L'ORDONNATRICE.

   Les transports, les empressemens,

   Ne sont pas de fideles guides ;

   Des regards tendres & timides,

   Souvent servent mieux les Amans.

   Quel autre choix pouvoit-on faire

Entre tant de Rivaux jaloux ?
Almaſis va trouver en vous
L'Amant le plus digne de plaire,

ZAMNIS.

Que je crains ce voile ſévere
Qui pourra de ſes vœux m'annoncer le refus !
A mon Amour ſi ſon cœur eſt contraire,
Non, ſon Hymen pour moi n'eſt qu'un malheur de plus.

Poſſede-t-on l'Objet qui nous enflame,
Quand ſon penchant s'oppoſe à nos deſirs ?
Quel tourment d'affliger une ame
Dont la félicité feroit tous nos plaiſirs !

L'ORDONNATRICE.

Raſſurez votre tendreſſe
Par l'eſpoir d'un ſort heureux :
Vous êtes bien amoureux ;
Vous étudierez ſans ceſſe
Les momens d'offrir vos vœux ;
L'Amour manque-t-il d'adreſſe ?
Vous oppoſerez aux rigueurs

Des soins flateurs ;
Jamais de plaintes :
Vous verrez s'envoler vos craintes ,
Et les Amours vous couronner de fleurs.

Almasis vient.

ZAMNIS.

Quel trouble je sens naître !
En ma faveur tâchez de l'attendrir.
Je n'ose encor la voir ; il faudroit en mourir ,
Si sa haine éclatoit en me voyant paroître.

SCENE TROISIEME.

L'ORDONNATRICE, ALMAZIS, CHŒUR D'INDIENNES.

ALMAZIS aux Ordonnatrices.

CEſſez ces ſoins offerts,
Ceſſez ce vain hommage ;
Vos jeux & vos concerts
M'annoncent l'eſclavage ;
J'ignore à qui l'Hymen m'engage,
Et je ſens l'horreur de mes fers.
Ceſſez ces ſoins offerts,
Ceſſez ce vain hommage.

L'Ordonnatrice & ſa Suite ſe retirent.

Je paſſois ſans aimer les plus beaux de mes jours ;
L'Amour m'offre Zamnis, mon cœur charmé s'enflame ;
Que l'Amant qu'il deſtine à nous plaire toujours
S'empare aiſément de notre ame !

Zamnis, mon cher Zamnis... ah ! trop flateuſe erreur !

S'il étoit mon époux, je le verrois paroître.

Il m'aime, ses regards m'ont peint sa vive ardeur;

Il ne faut qu'un moment pour lire dans un cœur

    La tendresse qu'on y fait naître.

Zamnis, mon cher Zamnis... ah ! trop flateuse erreur?

S'il étoit mon époux, je le verrois paroître.

Apprenons mon destin... je suis seule... on me fuit...

    Aux Ordonnatrices qui reparoissent.

Venez & me livrez au sort qui me poursuit.

LE CHŒUR.

    Connoissez la douce chaîne

    Que l'Hymen a faite pour vous;

    Ne voyez dans un Epoux

    Qu'un esclave Amant de sa Reine.

L'ORDONNATRICE.

    Le seul empire qu'il prétend,

    C'est ce doux ascendant

    Que donne le bonheur de plaire.

    Soyez favorable ou sévere,

Il sera soumis & constant.

LE CHŒUR.

Connoissez la douce chaîne
Que l'Hymen a faite pour vous.

L'ORDONNATRICE.

Ne voyez dans un Epoux
Qu'un esclave Amant de sa Reine.

LE CHŒUR.

Ne voyez dans un Epoux
Qu'un esclave Amant de sa Reine.

SCENE QUATRIEME.

ZAMNIS, LES ACTEURS
DE LA SCENE PRECEDENTE,

L'ORDONNATRICE.

IL *vient l'heureux Mortel qui va porter vos fers.*

Almasis baisse son voile, l'Ordonnatrice
& sa Suite se retirent.

ZAMNIS.

Ciel ! du voile odieux ses beaux yeux sont couverts.

ALMASIS,

le voile baissé, & se tournant à peine du côté
d'Almasis qui reste au fond du Théatre.

Vous qui sans consulter mon ame,

Obtenez par l'Hymen l'empire sur mes vœux,

Connoissez-moi : de la plus vive flame

Mon cœur brûle en secret depuis nos derniers Jeux ;

Ce que j'aime est charmant, je l'aimerai sans cesse :

Oui, si vous n'êtes point l'objet de ma tendresse,

Mon cœur sçaura vous en punir ;

Vous

Vous me verrez de l'une à l'autre Aurore
Vous peindre avec transport un Amant que j'adore,
Vivre pour le pleurer, le plaindre & vous haïr.

ZAMNIS.

Ah ! malheureux Zamnis, hélas ! tu dois mourir.

ALMASIS.

Vous le plaignez ! Qui vous a fait connoître
Que Zamnis est l'objet de mes vœux les plus doux ?

ZAMNIS.

O Ciel !

ALMASIS.

Cette pitié que vous faites paroître,
Adoucit ma haine pour vous.

ZAMNIS.

Non, non, belle Almasis, à vos yeux pleins de charmes,
Jamais Zamnis ne coûtera de larmes ;
Oubliez vos regrets, aimez bien tendrement.

ALMASIS,

Qu'entends-je !

C

Z A M N I S.

Détournez ce voile un feul moment.

Il fe met à fes genoux.

A L M A S I S.

Levant fon voile.　　　　Elle jette fon voile.

Ah ! Zamnis... oui, c'eft vous, c'eft vous, Zamnis,
que j'aime.

Z A M N I S.

Almafis....

A L M A S I S.

Vous doutiez de ma tendreffe extrême ?

Z A M N I S.

Toujours timide dans mes vœux,
Mais avec le cœur le plus tendre,
Jamais à votre main je n'euffe ofé prétendre,
Sans un fecret efpoir que j'ai pris dans vos yeux.

A L M A S I S.

Sans doute un même inftant a formé nos doux nœuds.

Z A M N I S.

Votre Hymen eft le prix de ma flame amoureufe ;

En l'obtenant je diſois en ſecret :

Oui, j'aime mieux la perdre & mourir de regret,

Si c'eſt un autre Amant qui peut la rendre heureuſe.

ALMASIS.

Hé ! quel autre que vous auroit pû m'enflamer ?

Quel autre eût inſpiré le penchant qui m'attire ?

Vous connoître, c'eſt vous aimer ;

Vous regarder, c'eſt vous le dire.

ENSEMBLE.

C'eſt pour vous que je vivrai,

Deſtin charmant, douce chaîne,

Ah ! que je vous aimerai,

Pour réparer l'erreur qui cauſa notre peine !

ZAMNIS.

Eſclaves raſſemblés de mille endroits divers,

Annoncez ce grand Jour par vos plus doux Concerts.

SCENE CINQUIEME.

UN INDIEN, L'ORDONNATRICE ET SA SUITE, TROUPE D'ESCLAVES DE DIVERSES NATIONS, ET LES ACTEURS DE LA SCENE PRECEDENTE.

ZAMNIS.

CElébrez l'ardeur la plus belle ;
Que le nom d'Almasis s'éleve jusqu'aux Cieux.
Brisez vos fers, faites regner les Jeux ;
Tout doit être heureux auprès d'elle.

LE CHŒUR.

Célébrons l'ardeur la plus belle ;
Que le nom d'Almasis s'éleve jusqu'aux Cieux.
Brisons nos fers, faisons regner les Jeux ;
Tout doit être heureux auprès d'elle.

On danse.

L'ORDONNATRICE ET L'INDIEN.

Chantons tous à l'envi la faveur des Amours,
Elle assemble deux cœurs faits pour s'aimer toujours.

LE CHŒUR.

Chantons tous à l'envi, &c.

L'ORDONNATRICE.

Sans langueur, sans inquiétude,
Ils chériront les mêmes Loix.
On verra les plaisirs pour la premiere fois ,
Rendus plus doux par l'habitude.

LE CHŒUR.

Chantons tous à l'envi la faveur des Amours ,
Elle assemble deux cœurs faits pour s'aimer toujours.

L'INDIEN.

Aimons en assurance ,
Almasis regne en ces lieux ;
Son exemple & ses beaux yeux
Feront triompher la constance.

LE CHŒUR.

Son exemple & ses beaux yeux
Feront triompher la constance.

L'ORDONNATRICE ET L'INDIEN.

Chantons tous à l'envi la faveur des Amours.

LE CHŒUR.

Chantons tous, &c.

L'ORDONNATRICE.

Elle assemble deux cœurs faits pour s'aimer toujours.

LE CHŒUR.

Elle assemble, &c.

On danse.

L'INDIEN.

De concert avec l'Amour,
Nos Sylvains vous chantoient sous le nom de sa mere;
Zephir d'une aîle légere,
Pour écouter voloit dans ce Séjour :
Les autres Dieux sortirent du Bocage
Avec les Bergers d'alentour;
Ils dirent tous : à quoi bon ce détour ?
De l'aimable Almasis on reconnoît l'image.

On danse.

ALMASIS.

Amour, vous triomphez dans mon ame ravie :

Quel plaisir de suivre vos Loix !

De mille Amans j'étois suivie ;

Mon cœur n'avoit point fait de choix ;

Zamnis, c'est à vous que je dois

Le doux plaisir d'aimer le reste de ma vie.

Amour, vous triomphez, &c.

On danse.

LE CHŒUR.

Célébrons l'ardeur la plus belle ;

Que le nom d'Almasis s'éleve jusqu'aux Cieux.

Brisons nos fers, faisons regner les Jeux ;

Tout doit être heureux auprès d'elle.

FIN.

www.ingramcontent.com/pod-product-compliance
Ingram Content Group UK Ltd.
Pitfield, Milton Keynes, MK11 3LW, UK
UKHW021718090726
13657UKWH00005B/2324